Victoria Miner

Holdraszállás

**Avagy: hogyan váljunk
Mr. Vállalkozótól?**

Első rész

© 2020 novum publishing

ISBN 978-3-99064-901-5
Lektor: Sósné Karácsonyi Mária
Borítóképek: Moonrun,
Evgeny Ustyuzhanin | Dreamstime.com
Borító, tördelés & nyomda:
novum publishing

www.novumpublishing.hu

Előjáték

Amikor legutoljára rám támadt, kiprovokáltam. Nem volt haszontalan erre a lépésre elszánni magam. Tudtam, csak így érhetem el, hogy kilépjen az ajtón és az életünkből.

El is értem: szidtam az anyját. Persze, tudatosan, mégis ösztönösen jött, hogy ez lesz a jó megoldás.

Kedveltem az édesanyját. Mintha direkt akart volna meghalni, pedig biztosan nem. Egy mellrák, amit nem vett komolyan akkor sem, amikor már mindenki más igen… Valahogy aztán rábeszélték egy alapos kivizsgálásra, aminek műtét lett az eredménye. Nő maradt a talpán, látszólag. Viszont mi, nők tudjuk, hogy ha a melltartónk egyik kosara csak zoknival van kitömve, az már semmiféle nőiességet nem ad. Kudarcra van ítélve az ilyesfajta tudat. Pláne, ha áttétek jönnek, mint például az agyban valamiféle tumor, amiről tudjuk, hogy csak rövid idő kérdése, és elvisz. Mégis életvidám maradt. Furcsa volt az egész. A füstös tanáriban mesélte anekdotáit, élete történetét, jó és rossz dolgokat, erényeket és hibákat. Időnként mellette ült a férje, és hallgatta. Az apósom. Nem volt se társ, se partner, de legalább a végén ott volt, és azt a látszatot keltette, hogy vele van, és valójában nincs is egyedül.

Két fiúval ajándékozta meg őt. A kisebbik a férjem. Még. Mr. Vállalkozó. A jég hátán is megél. Ezt mondta anno néhai anyósom. Teljesen igaza volt. Valahol ott él most is. Igazából nem remélem, hogy azon a helyen van, ahová küldtem, mégis maximálisan megérdemelné.

Van az a magas ló, amin ő ül, és a vágyam nem az, hogy onnan jó nagyot essen. De igen. Az. Paradox egy érzés, de szerintem van ezzel így más is. Amikor úgy küldjük el melegebb éghajlatra az életünket mérgező személyt, hogy egyébként rohadtul nem oda kívánjuk, de ez a helyes, és ez fejben dől el. Semmi érzelem: csak fogd magad és a két gyerekedet, és merj elválni, és olyan dolgokat kideríteni róla, amit a közös életetek során nem is tudtál. Pedig hosszú évek óta sumákolt már a hátad mögött, és láss csodát, megtudtad az okokat, miért téged vert és alázott, mikor voltaképpen saját magával volt baja. Hogy erről tudott-e? Persze, hogy nem!

Most sem tudja, hogy önmaga számára a legnagyobb problémaforrás pont önmaga. Hogy rá fog-e jönni? Na. Erre való egy feleség. Még akkor is, ha éppen válik. Tartson tükröt, és mutassa meg, milyen embertől válik. Mutassa meg neki, mutassa meg mindenkinek, és rajtam és a kis családomon kívül okuljanak belőle, akik hasznosnak találják. Fontos ez. Elhinni azt, hogy nem, nem te vagy az oka annak, hogy vertek, megaláztak, megszégyenítettek, hanem ő. Te csak egy lehetőség voltál arra, hogy levezethesse rajtad az uralkodási vágyát, az összes mániáját, a hatalmas egóját, és mindent, amihez egyébként már régóta semmi közöd. Csak éppen te vagy a közelben, hát kapd meg te a pofonokat. Feszültséglevezetési terápia.

Kerestem az okokat nagyon-nagyon sokáig. Elsősorban magamban. Persze. Mindenki ezt tenné. Aztán más nőkben. Igen, ezt is hasonlóan gondolná hozzám hasonlóan más feleség is. Hovatovább egy igen érdekes nyomozás az, ami felderítette, mi is volt az indok arra, ahogyan elbánt a családjával – velünk. Ez pedig nem más, mint a pénz.

1.

Shoe – összevissza

Muszáj az elejéről kezdenem. Bár, ha jobban belegondolok, ennek se füle, se farka – még. Hiszen valahol a vége felé tartok életem ezen szakaszának, de egyelőre még nem látom, merre vezet az út. Miközben írok, talán minden ki fog derülni. Mert akarom, hogy így legyen, és éppen ideje volt ezért mindent meg is tenni. Úgy kell lezárni az elmúlt 40 évet, hogy az, ami ezután jön, csak jó legyen. Még akkor is, ha sok munkával és nehézséggel fog járni. Viszont legyen végre nyugodt és boldog. Giccsesen és követelőzőn hangzik: szeretetet akarok. Illetve: vágyom rá, hogy végre megkaphassam, és olyantól kapjam meg, akinek én is bizalommal adhatom.

Alig múltam akkor 14 éves. Sosem volt elég önbizalmam és hitem magamban. Valahogy ez nálam születési defekt. Különösen egy kamaszlány esetében, aki csalódásból csalódásba lépve élt meg minden kapcsolatot amellett, hogy mindig, mindegyikben csak a szépet és a jót látta –naiv kis fruska.

Nyár volt már. Barátok ismerőse volt Shoe. Már nem is emlékszem rá, melyik városban találkoztunk először, csak a kocsma boksza maradt meg, mint valami eleven fénykép. Ültünk egymással szemben, és hagyta, hogy beszéljek. Nem csak hogy hagyta, de sokat kérdezett. Érdeklődő volt. Ez imponált. Szívesen beszéltem magamról, és csak mondtam, csak mondtam, csak mondtam...

A mai napig nem értem, hogyan szerettünk egymásba. Viszont szép volt. A kis titkos együttlétekkel, egy messzi város kisszobájában, valahol autózva... Egyszerűen megvolt annak a bája, hogy ez amúgy „illegális", titok. Folyton izgalommal vártuk a hétvégéket, amikor végre ő nem dolgozott a nyomdában. Beült az antracitszürke Peugeot-jába, és jött hozzám. Mentünk mindenhová, de leginkább Shoe baráti társasága lett az enyém is.

Az első év tökéletes volt. Különösen a szilveszter, ami egyik buliból hazafelé ért minket a sörgyár előtt, a szakadó hóban. Talán még sosem volt olyan jó éjfélem, mint akkor és ott.

Aztán jött 6 másik év, és nem tudnám felidézni, mikor és miért kaptam az első pofont. A körülményekre akkor még nem figyeltem. Ezeket már csak most látom át tisztán.

Elveszítette a munkahelyét. Utána szinte nem is volt munkája. Halálos természetességgel lógott a szülei nyakán, pedig 4 évvel idősebb volt, mint én, és minden képessége meglett volna ahhoz, hogy a saját életét élje. Viszont ez így kényelmesebb volt neki. Tulajdonképpen – ha jól tudom – most is ez a felállás. Persze, némi változásokkal körítve.

Próbálkozott más munkákkal is. Legalább két hétig volt buszsofőr. Ő valahogy tipikusan az az ember, aki hatalmas önelégültséggel ül minden közepén, hiszen övé a világ, és furcsának találja, hogy más ezt nem így látja. Emiatt aztán dühös, ami úgy csapódik le, hogy mindenki hülye, csak ő a helikopter. Tudom, ez kifejtésre szorul. Erre ékes példa vagyok én magam.

Beköszöntek az életébe a drogok. Vele együtt persze az enyémbe is. Ezzel aztán elindult a lavina. Igen, képes voltam elhinni, hogy valóban nem érek semmit. Meg kellett értenem, hogy örüljek, hogy egyáltalán Shoe rám néz, hiszen láttam már magam tükörben, eszem sincsen, és nincs megalázóbb, mikor ott, abban a helyzetben is – ami az ágy – te vagy a legszörnyűbb a világon. Depresszió. Önsértések, amelyek nyomai végigkísérik életemet a csuklómon, hogy erre mindig emlékezhessek. Csak egy-két kitartóan ostromló barát marad melletted ilyenkor, aki átlát ezen, és mégis téged szeretne továbbra is barátnak.

Sok pofont kaptam: ágyra teperve; kocsiban, hajtépéssel kísérve; pofonok mások előtt; nem kívánt muszáj-szexek, amiket a szakirodalom megerőszakolásként definiál. Holott volt olyan, hogy annyi szál virág várt rám otthon, ahány éves éppen lettem.

Ahányszor elhagytam, visszajött, mint a bumeráng, vagy épp én mentem vissza, mert féltem: igaza van, és soha nem lesz senkim. Stockholm-szindróma. Úgy kellettem, hogy nem kellettem. Egy uralkodásra vágyó, agresszív Shoe volt, aki rajtam akarta megmutatni, ki az úr a háznál.

Az, hogy belehajszoltam magam a drogokba, dohányoztam, ittam, mind-mind neki volt köszönhető. Ő tolta az első drogot a kezembe; ő vert meg, mielőtt ittam; miatta mentem bele minden olyan fertőbe, ami nem hiányzik egyáltalán az életemből. Azt hittem, ez a normális: meg kell felelnem annak, akit szeretek, hogy szeressen.

Azon a tényen, hogy egy pszichopatával volt dolgom, az sem sokat javított, hogy egy ízben majdnem 1 évre szakítottunk.

Persze ezalatt nem unatkoztam. Egy igazi birtoklási vággyal küzdő emberbe botlottam: Loveless volt a neve. Valami csoda volt az első benyomás! Hol kell megismerni egy közelben lévő pasit, mint egy messzi városban? Már ez a tény, és minden, ami vele körülvett, túl romantikus és szép volt ahhoz, hogy igaz legyen. Egészen addig, amíg nem jött velem folyamatosan a hajnali vonaton, hogy tényleg a főiskolára megyek-e diplomát szerezni. Amíg bele nem szólt abba, milyen ruhát vehetek fel. Hiszen jól nézek ki, de csak ő láthatja, így el kell takarnom magam. És igenis: hatalmas baj, hogy több a fiúbarátom, mint a lány, akkor is, ha a legjobb fiúbarátom pont meleg. Mert mi van, ha kedve támad rám nézve identitást váltani? Tényleg! Van ilyen? Sok filmben előfordul, az bizonyos, de a valóságban ritka, hogy valaki azért lesz egycsapásra hetero, mert meglátott egy dekoltázst.

Lovelessnek szerves része volt a vallás. Gitározni templomban, misén. Nem zavart. „Hiszek hitetlenül", de leginkább és mégis hiszek, hogy van egy fölöttes erő mindenben: a fűben, a kövekben, a fák leveleiben, a levegőben, mindenben, ami csak körülvesz. De nem úgy, mint Loveless. Nagyon hízelgő volt, hogy 3 hónap után megkérte a kezem. Lakás, munka, minden biztosított lett volna egy közeli nagyvárosban.

Szeretnek, de én szeretem? Hiszen birtokol. Irányít. Mert nem ver? Ezért már jobb? Nem. Ő is uralkodni akart, csak másképpen, mint Shoe. Ezért szakítottam vele. Rengeteg érzelmi zsarolásnak építettem falat. Mint utólag kiderült, sokszor követett és figyelt engem. Éppen ahol laktam vagy voltam. Egyszer bele is botlottam. Buszról buszra szálltam, mindegy is volt, hová visz, csak könyörgöm: ne arra a buszra szálljon fel ő is! Csak felszállt. Másfél órán át hallgattam, mennyire szeret, csak ezt ne tegyem, csak azt ne, és a sok-sok *de*, meg *ha*.

Végül nem tudom, mikor sikerült túljutnia rajtam. Mikor jött el nála az a pillanat, hogy nem csimpaszkodott erkélyekbe, hogy lásson, és nem mászott át kerítéseket azért, hogy tudjon rólam valamit. Sokáig volt üldözési mániám, miután egyik leveléből megtudtam, hogy követ és figyel. Hallottam a lépteit, a közelben lévő kutyák ugatását, és nem mertem kilépni az ajtón. Arra is figyeltem az esti filmnézés közben, hogy milyen ruha van rajtam, hogyan ülök, és elég illedelmesen eszem-e vödörből a fagyit.

Aztán jött egy telefon, hogy balesetben meghalt Shoe öccse. Természetes volt, hogy újraéledt bennem minden: bűntudat, fájdalom, énhibám-érzés... Pedig már rég nem volt hozzá semmi közöm. Ettől függetlenül kibékültünk. Nem volt jó ötlet. Szinte én jártam a nyakára, de erre azért gyorsan rájöttem. A drogoknak, az italnak, a dohányzásnak és a nem evésnek köszönhetően rohamosan fogytam el. Láttam, lassan semmilyen utam nem lesz se hozzá, se máshoz, ezért 7 év után – nem túl elegáns módon – SMS-ben szakítottam vele. Elegáns, nem elegáns: meg kellett tenni. Ezt volt az egyetlen szakítás, amit komolyan vett. Utánam akart nyúlni, hogy legalább beszéljük meg egy kávé mellett. Mit? Hogy nem tesz meg értem 2 métert sem, az ágytól az ajtóig, mert úgysem érdekli, hogy kilépek-e rajta vagy sem? Ezt beszéljük meg? Ez aztán szót sem érdemel!

Sokan feltehetitek a kérdést, mi a fenéért csináltam ezt. Miért mentem vissza hozzá, vagy éppen miért engedtem Shoe-t vissza magamhoz. Hát nem mondta senki, hogy ezt ne tegyem?! Nem, nem mondta senki. Főleg azért, mert nem is tudott ezekről az égegyadta világon senki. Szégyelltem bárkinek is beszélni erről. Ismerős az érzés valakinek? Amikor mi kérünk bocsánatot azért, mert megvertek és megerőszakoltak? Na, innen szép nyerni!

Pedig kórház lett a vége. Valahogy leállt a vesém. Pokoli fájdalmaim voltak. Mentő vitt el. Halvány foszlányok vannak előttem arról, amit az orvos mond: kilátásba helyezett műveseprogram... Bent tartjuk, majd meglátjuk...

Megláttuk. Az első éjjel megláttam azt, amiről írnak könyvek, esetleg mesélnek emberek, vagy éppen láthatunk ilyen fikciókat filmekben, de kevés olyan ember van, aki megtapasztalta, milyen az, ha lepereg előtted az életed. Én tudom, milyen. Erre élénken emlékszem. Elindultam a mosdó felé. Beszéltem valamit, hogy rosszul vagyok, de nyitott szemmel sem láttam semmi mást, csak ezt: hogyan esik ki a cumi a számból, és sírok, miközben édesanyám fölém hajol; gyerekkori sértések, bántások; a verések, a szidalmak, a megalázások. Jött minden egyszerre, egy kupacban, nagy dózisban. Minden. Tényleg minden. Villanásokban pergett folyamatosan a film. Ezt láttam a nyitott szemem előtt, amíg össze nem estem. Két nővér jött segíteni. Láttam őket is.

Tanakodtak, szóltak egy orvosnak. Lefektettek. Megmérték a vérnyomásomat. Kérdezték a nevemet, és azt, hogy hol vagyok. Válaszoltam. Mondták: már nem kellene eszméletemnél lennem. Már ez az az állapot, amikor újra kellene éleszteni. Ezen már meg sem döbbentem. Bejött egy orvos. Sokat hümmögött karba tett kézzel, aztán valahogy reggel lett. Akkor tényleg jött egy orvos. Szerintem neki még doktorija is volt a szakmájához, de valószínűleg tudása is. Első dolga volt leszidni az éjszakás orvost és nővéreket. Infúziót kaptam, és eggyé váltam az ággyal. Azt hiszem, kialudtam magam. 4 napnyi infúzió és lázmérő lerázása után, teli vizesedéssel, végre kiengedtek. Nincs már meg a diagnózis, mi volt a bajom. Igazából semmi. Semmi konkrétum. Csak elég volt akkor éppen, és szemmel láthatólag emiatt el tudok jutni idáig, ha akarom. És akkor is, ha nem.

Mind a 45 kilómmal 2 hónapot töltöttem otthon, táppénzen. Megtanultam újra aludni – most már azt is tudom, hogy azóta vagyok pánikbeteg –, és megtanultam újra jóízűen enni, nevetni, megnézni egy filmet vagy egy jó meccset a tévében. Új élet kezdődött, és magam még újabbat akartam építeni. Ezért elhatároztam, hogy elköltözöm. Munkát vállalok valahol, mindegy is, hogy hol, és megváltoztatom az életem. Szebbet, jobbat akartam. Hittem is ebben. Ez volt benne a szép. Nem tudtam, mi jön még.

2.

Család

Az ember lánya sokszor akkor nem veszi észre a bajt, amikor már benne ül évek óta. Főleg akkor nem feltűnő mindez, ha kétszer lépünk ugyanabba a szarba. Na, azt aztán észre sem vesszük. Sőt, ha van rá mód, akkor süllyedünk rendesen a béka feneke alá. Mire ki akarunk kecmeregni onnan, elmúlik az önbizalom, az önmagunkba vetett hit, és konkrétan elhisszük: fabatkát sem érünk, nincs semmiféle utunk, és örülhetünk, hogy megtűrten éldegélhetünk valaki házában, amit mondjuk mi varázsoltunk otthonná olyan 14 éven keresztül. Hogy mi volt a varázsszó, ami hirtelen mégis kinyitotta a szemem? A gyerekek. Pontosabban az, hogy voltaképpen nem is szereti Mr. Vállalkozó a gyerekeket, és a jövőbeli tervei között sem szerepel a gyerekek ölelgetése, szeretgetése, puszilgatása.

Szóval, amikor ezeket a szavakat meghallottam, valamint azt, hogy pusztán csak az számít, hogy elvigye iskolába a gyerekeket, mert ha én viszem őket, csak a fejüket tömöm tele ellene... Nos, akkor sokkot kaptam. Álmatlanul forgolódtam egy fél éjszakát, és egy szép szerdai hajnalon azzal ébresztettem, hogy ugyan hogyan, mi módon, melyik irányba takarodjon. Szerencsénkre, reggelre virradva ment is.

A történet kezdődhetne akár az elején is: micsoda derű, szép és jó meg pompa volt minden, de akkor semmi értelme nem lenne annak, hogy leírom a gondolataimat. Ugyanis a történet pont, hogy a végén, a válással kezdődik, hiszen ezzel párhuzamosan derült ki az, hogy az együtt töltött 15 évünk, a leélt 14 évünk, a közösen felépített otthonunk, valamint mindkét gyermekünk voltaképpen egy óriási nagy hazugság, egy hatalmas kirakat része csupán, semmi más. Hiszen a középpontban egyetlen egy dolog áll Mr. Vállalkozó életében, és az csakis és kizárólag a pénz.

Ami elvezetett a válás gondolatáig, az a racionálissá vált gondolkodásom. Két dolog nem tesz jót nekem e tekintetben: az egyik a festett szőkeségem, ami hűen tükrözi a bensőmet, valamint az, hogy matematikát tanítok magyar helyett alsó tagozatos gyerekeknek. Igaz, nem értek hozzá, de ahogy a mondás tartja: „Aki nem tudja, az tanítja!" Persze, ez csak tréfa, amolyan pedagógushumor. Más talán nem is érti, legfeljebb szombatonként reggel 6-kor a zöldséges a piacon.

Az, ahogyan rájöttem arra, hogy minden Mr. Vállalkozóval eltöltött idő hazugság volt, egy viccel is felér, és oklevelet kaphatnék a fentebb említett szőkeségemért. Szóval: kémkedni akartam a mobilján – a mobilja nélkül. Hülyén hangzik, ugye?

Számítógépen keresgéltem olyan programot, amit esetleg meg tudok vásárolni, és nyomon tudom követni a telefonbeszélgetéseit, üzeneteit, mindent, amit a mobilján bonyolít Mr. Vállalkozó. Ennek hála sikerült kémkedni saját magam után a saját laptopomon. Úgyhogy figyelmeztetve voltam, ha nem védett oldalakon jártam, és üzenetet kaptam, ha épp programokat töltöttem le.

Tovább próbálkoztam, nem adtam ám fel, hátha mégis sikerül a lehetetlen. Ennek köszönhetően teljesen véletlenül botlottam egy magánnyomozói oldalra. Ez valahogy bogarat ültetett a fülembe. Magánnyomozó? Létezik ilyen igaziból? És csak azzal foglalkoznak, hogy ki csalt meg kit, vagy azzal is, hogy mi a kedves válni való férjanyag tényleges jövedelme? Higgyétek el: van olyan is, aki tud ilyet! Vagy nem. Majd kiderül!

Nem haboztam sokáig, hogy felkeressek egyet. Ennek köszönhető, hogy megtudtam, mi Mr. Vállalkozó eredeti foglalkozása, minek volt betudható az, hogy már-már skizofrénnek gondoltam őt, illetve magamat hosszú éveken át. A lassan exem igazi foglalkozása valójában tényleg Mr. Vállalkozó.

Amikor megismertem, autószerelőnek tanult mozigépész volt. Szerette a munkáját, persze: ingyen mozi (naná, hogy ezt én is imádtam, hiszen alig voltam előtte moziban, plázában meg soha, legfeljebb csak pisilni), ingyen popcorn, zsákszámra, nem túl magas fizetés, de rengeteg szabadidő és kevés munka.

Arany élet egy fiatalnak, aki otthon lakik, kajára, rezsire semmi gondja. Jómagam akkor szállón laktam, közös szobában egy barátnőmmel. Hát, mit mondjak, nem ugyanaz a kettő.

Amikor az első gyermekünk, a kislányunk megszületett, még a teljes állású mozigépész-fizetés is arra volt elég a GYED-emmel, hogy mindent kifizetve és megvéve, 500 forintunk maradt hó végéig. Nem volt ez különösebben gond, mert a szülőktől sok segítséget kaptunk, és egyébként is: boldogok voltunk. Viszont Mr. Vállalkozó ennél sokkal előrelátóbb volt (velem ellentétben, mert akkor azért ez korántsem volt jellemző rám). Így aztán valóban autószerelővé avanzsálódott egy cégnél, mint alkalmazott.

Mennyi ideig is? 6 vagy 7 évig dolgozott ennél a cégnél? Nem is tudom hirtelen, bár semmiből sem tartana előkapni a papírokat, mikor is lépett be oda, és mikor is rúgták ki azonnali hatállyal.

Kevesebbet keresett akkoriban, mint most én, pedagógusként. Mégis valahogy jutott rendelt pizzára is. Ez olyan amerikai filmes élet volt már nekem. Annak idején a nővéremmel nagyon ritkán, de rendeltünk pizzát. Viszont az mindig olyan csoda volt számomra, mint a mozi. Aztán valahogy kis szállodában eltöltött wellness-hétvégékre is jutott. Hogy mi volt a magyarázat? Maszek munka a telephelyen, a munkahelyén. Kéz alatt eladott ez meg az. Talált angol pénzek a bontásra váró angol autókból. Szóval, benyaltam. Jobb lett az életünk. Nem kellett százszor átgondolnom, hogy kenyeret vegyek-e, vagy pelenkát. Mert amellett, hogy mindkettőre jutott, bőven tellett másra is: olyan bébiételre a lányomnak, ami a kedvence volt; imádott pudingra; sajtburgerre... Ünnepi vacsorákra a kedves kis férjecskémnek, amikor hazatért a munkából: szülinap, évforduló, névnap, csak mert éppen szeretem stb.

Nem középszerű menü várta ám a dolgozó kedvest az otthonában! Például sushi. Nem ám az a hétköznapi fajta, amit most már minden nap megengedhet magának Mr. Vállalkozó! Hanem originál japán szakács-féle, igazi sushi! A sarki, országosan is igen népszerű étterem és cukrászda konyhájából strucc- és krokodilhúsok! Juj, de furcsa még leírni is! Tenger gyümölcsei-különlegességek. Nem tudom, evett-e valaha ilyen ételeket, hiszen egy szava sem volt – igaz, sosem, mint kiderült. Viszont ha evett is, már fogalma sem volt róla a sok chips és kóla után, hogy milyen ízű az ilyesmi, vagy akár egy jó vasárnapi húsleves, amit – lássunk be –, bár nem túl bonyolult elkészíteni, de megvan a maga titka, hogyan lesz a kifőzdés kajából igazi vasárnapi vagy éppen ünnepi előétel.

Szóval ezeket mindig a saját kasszámból fedeztem. Mert nehogy már az ő pénzéből lepjem meg őt, mikor keményen dolgozó anyuka vagyok! Lássuk be, szarból építettem várat. Az viszont állt keményen!

A lányom születése után két évvel született a fiam. Mielőtt kicsi Sunshine megszületett, már átalakítottuk szoba-konyhás házunkat: egy dupla garázs toldását szimplává minősítettünk, és lett egy gyerekszoba. Aztán létrejött egy másik is. Persze semmi számla, csupa ismerős, ajánlott szakmunka, szülői pénzek, saját festés és pakolás. Véletlenül sincs nyoma annak, hogy ez akár pénzbe is kerülhetett, sőt közös minden, az utolsó szögig. Viszont mire megérkezett Andrew, már 3 szobás otthonban éltünk, berendezve. Most már értem, hogyan, miből. Akkor meg naivaként masíroztam boldog anyuka lévén, akit imád a hőn szeretett akkor még csak párja. Ja. Persze. Dehogy is!

Mi tagadás, elhíztam. Már akkor, amikor a kislányommal teherbe estem. Ödéma, vigyázni az evéssel, mégis hizlal a saláta. Aztán a 32. hetes terhességemnél már nem érdekelt: irány a non-stop hipermarket habos-krémes tortáért! Tudtátok, hogy éjfélkor van a műszakváltás, és olyankor zárva tart a cukrászat?! Felháborító! Bár már éppen nincs nyitva éjjel, de akkor is!

A kórházi vizsgálatoknál sokszor megkérdezték: „Ikrek?" Mindenki örült és gratulált. Nem, köszönöm szépen, csak velem együtt a baba is marha nagy. Nem is tudott bekanyarodni a célegyenesbe szüléskor, így császármetszés lett a vége. A maga 4560 grammjával és 62 centijével hatalmas öröm volt számomra a „pici" lánykám. Mondta is az orvosom, amikor kiemelte: „Mehet óvodába!" Mivel 10 nappal túlhordtam, és valóban akkora voltam, mint egy ház, a fodrászom viccelődött is velem: olyan vagyok, mint egy elefánt. Nem csak méretben, hanem két évig hurcolom a méhemben a csemetémet, mire aztán nagy nehezen majd ki akar jönni belőlem. Azért ez mégsem így történt.

Rá két évre megérkezett Andrew. Nem volt vele egyszerű terhesnek lenni. Szorgalmasan ült a vesémen vagy hat hónapig, és egyszerűen mindig szalonnát akart enni. (Na, ez nem változott most sem!) Imádtam, amikor megszületett. Emlékszem, előtte elmentem a fodrászomhoz szerdán. Kérdezte, mikor jön a baba. Mondtam neki, hogy pénteken reggel 9-kor. Volt is nagy nevetés, de valóban így történt: tervezett császárral született, mivel őt is négy kilogramm fölött vártuk, aztán valahogy nem akarta sem az orvosom, sem pedig én, hogy lyuk hátán lyuk legyek.

A drágám aludt, amikor született. (Utána ezt másfél évig azért konkrétan kihagyta az életéből, és még másfél évig igen ramatyul csinálta.) Így maradt egy kis víz a tüdejében. Külön volt tőlem, másik kórházban. Látogatnom lehetett csak. Pokoli volt ez az érzés, viszont annyira boldog voltam, amikor végre hazahozhattuk. Főleg, amikor meglátta a lányom! Tudta, hogy lesz egy kisbaba. Az öccse. De amikor meglátta, hogy az igazi, és mozog is! Na, azt a döbbenetet... Ugyanakkor mindig is imádta. A mai napig nagyon jó testvérek.

Persze sok minden kifogyott a kapcsolatunkból Mr. Vállalkozóval, miután már két gyerekkel toporogtam idehaza, hátamon egy háztartással. Rendesen elhíztam, főztem, mostam, takarítottam, vécét sikáltam, gyereket neveltem – ahogyan anno a fogadalmam szerint ezt vállaltam előtte. Viszont ezt a helyzetet nem bírtam sokáig: egy szép napon jött a kósza gondolat, hogy márpedig én futni fogok (bár soha nem bírtam és nem is szerettem), és biz' Isten, hogy lefogyok. Nem is volt ebben hiba. Betartottam a saját magamnak tett ígéretemet. Aztán mikor arra került a sor, hogy a csúfosra sikerült terhes lánykérést követően 9 éve Mrs. Vállalkozó lettem, le is adtam vagy 40 kilót.

Szép kis esküvőnk volt! Intő jel a válásra. Már a házasságkötőteremben bukta volt a ceremónia: édesapám pánikbetegsége miatt nem bírta a bezártságot, így elment. A fiammal nem bírt a bébicsősz, így édesanyám is nagyon nehezen jött be koccintani a pezsgővel. Csak álltunk és vártunk. Mi legyen? Ürítsük poharunkat nélkülük? Az anyakönyvvezető azt mondta: várjunk még egy picit. Így toppant be édesanyám. Rohanva.

A templomi szertartás azért már jóval meghittebb volt, és talán az volt életem egyik legszebb hazug 10 perce lassan volt férjem oldalán. Viszont a lagzi jobban hasonlított egy elcseszett bulira, mint arra, amire szántam volna.

Hogy Mr. Vállalkozó mire szánta ezt? Kirakatnak. Megvan minden: ő, meg a feleség, meg ő, meg a két gyerek, meg ő, meg a háza, meg ő, meg a jól menő állása, ami furcsa módon jobban menő volt, mint kellett volna, hogy legyen. A harmadik fontos fordulópont volt az életében ez. (Vagy állomás? Nem is tudom pontosan.) Nem a legfontosabbak egyike: fordulópont, meghatározó állomás. Ad 1, leánygyermek születése; ad 2, fiúgyermek születése; ad 3, házasságkötés. Magyarán: teljes az összhatás a külvilág felé, micsoda egy tökéletesre épített élete van. Parasztvakítás.

Miután hozzámentem, persze első dolgom volt szoknyám csücskét megragadva az okmányirodába szaladni, hogy felvegyem kedves férjem, kertem virága vezetéknevét. Szép hosszúra eresztve, kötőjelesen, hogy azért érezzem: van némi függetlenségem. Na, nem gondoltam bele, milyen hosszú lesz ezt leírni, amikor a bizonyítványokat kell körmölnöm a munkahelyemen, vagy egyéb papírokon kell szerepelnie, mondjuk három példányban. Na, de most már mindegy, a válás kimondásával úgyis első dolgom lesz kurtára vágni a nevem, és azt használni, amire valóban büszke vagyok: az édesapámét.

Nászút nem volt. Minek? Nem is számított. Igazából csak kapcsot szerettem volna kettőnk között: gyűrűt, amit ő húz az ujjamra, hogy igen, érezzem, lássam és más is észrevegye: hozzá tartozom; valamint szerettem volna felvenni a nevét. Mert egyszerűen büszke voltam rá, hogy hozzá tartozom. Apám, micsoda egy elgondolás! Hittem a házasság intézményében! Örökké… Ja, persze. Van olyan, egyébként! Sokat látott szüleimet ennyi körülöttük lezajló válás és szakítás jól megerősítette. Hatalmas tiszteletet érzek irántuk, hogy bár mindkettejüknek van hibája bőven, mégis ilyen hosszú ideje kitartanak egymás mellett. Szóval, azért van erre is példa. Méghozzá nem is rossz!

A házasságkötésünk után úgy éreztem, hogy az élet bizony fenékig tejfel. Összejött minden, amire csak vágytam: két csodaszép gyermek, közös otthon egy olyasvalakivel, aki nem csak a legjobb barátom, hanem ráadásul a férjem is. Szép kis álomvilág volt, mondhatom! Viszont akkor jó volt ebben hinni.

3.

Munka

Azért nem „ülhettem" itthon örökké. Miután a kisfiam is betöltötte a harmadik életévét, és ő is ovis lett, akárcsak a lánykám, ideje volt munkát keresnem. Mivel már akkor hosszú ideje nem tanítottam, és úgy gondoltam, hogy már sokkal felkészültebb vagyok a szakmára, mint anno, kezdő koromban, úgy döntöttem, megpróbálkozom tanítói állás keresésével.

Persze orrvérzésig pályáztam mindenhová: iskolákba, óvodákba, gyermekotthonokba. Sehol semmi. Protekció útján elmentem takarítani. Hetente két napot dolgoztam, két különböző helyen. Szerettem, mert nem volt új a szakma, volt benne rutinom bőven otthonról. Meg aztán zenét hallgathattam közben, ami külön motivációval bírt. Akkor kaptam meg életem első autóját. Alap kis jármű volt, de imádtam. Igaz, hogy a nyári 40 fokban, amikor bevásárolni mentünk a gyerekekkel, komplett hőgutát kaptunk és órákon át hevertünk az ágyon, mire elmúlt a szédülésünk, de azért szerettük.

Valahogy aztán mégis felhívtak egy iskolából, hogy taníthatok: heti 6,5 órában, szabadidőt. Az mi? Hogyan kell? Sebaj! Legalább valahogyan visszakerülök a mókuskerékbe, és mellette még mindig belefért a takarítás. Hogy legyen pénzünk. Mert nem volt elég. Legalábbis így tudtam.

Később minden alakult szépen, csendben: a tanítás mellett pedagógiai asszisztens lettem, majd valóban tanítottam, majd osztályt kaptam, majd az ideiglenes állásom véglegessé vált.

Ez azért mégsem volt ennyire egyszerű. Egyre túlterheltebb lettem: munka, gyerekek, férj, háztartás. Mindig volt egy banánhéj. Már akkor kezdtem rájönni arra, hogy ebben a családosdiban nagyon is egyedül vagyok. Olyan eszement gondolataim is voltak,

hogy albérletbe költözöm, és megosztva neveljük a gyereke-
ket Mr. Vállalkozóval. Sokat vitatkoztunk akkoriban. (Ennek
már 7 éve.) Mert valahogy nem volt segítségem. Bevásárlás:
én. Gyereknevelés: én. Táppénz: én. Regula: én. Dicséret: én.
Házimunka: én. Saját melóm: én. Ajándékvásárlás: apuka. Hol
itt az igazság?!

A legtöbb, amit drága férjuram tett, az az, hogy „persze", „jól
van", „majd meglátjuk", „akkor menj". Naná, hogy nem mentem
sehová, hiszen szerettem őt, de főleg a gyerekeimet! Nincs az
a helyzet, amiben el tudtam/tudnám őket hagyni! Nem. Olyan
nincs! Nélkülem biztosan megállna az életük, és egyhelyben
topogna minden. Ki főzne? Ki mosna? Ki írna velük leckét? Ki
gondozná őket, ha betegek? Mr. Vállalkozó?! Váltig hitegetett:
ő is meg tudná csinálni. Valóban? Mikor volt rá példa? Nos,
soroljuk... Sajnálom. Nem tudok példákat mondani.

Közben Mr. Vállalkozó megalapította a cégét. A „saját gyere-
két", ahogyan ő nevezte. A család érdekében, hogy nekünk jobb
életet tudjon biztosítani. Nagy boldogan ült a teraszon a gépe
előtt egy napig, és intézte a kis dolgait. Viszont igazából a fene
sem tudja, akkor mit intézett még ezen kívül, de nem csak ezt,
az mára bizonyossá vált.

Miután a vállalkozása létrejött, hamarosan a kirúgási papírja
is megszületett. Azt mondta, a főnöke nem indokolta meg, mi-
ért küldte el őt és a kollégáját, de valahogy ma már fura, ahogy
akkor ezt nevetve közölte velem. Valahogyan boldog is volt,
meg izgatott is, ugyanakkor merőben furcsa volt a viselkedése.
Mintha zavarban lett volna. Utólag visszatekintve azt hiszem,
hazudott nekem. Igenis kapott indokot arra, miért mondtak fel
neki, és sejtem is már, mi lehetett az. A sértő valójában az volt,
ahogyan az ott maradt alkalmazottakról beszélt: micsoda lúze-
rek, hogy másnak engedelmeskednek, és mindent megtesznek
egy főnök kedvéért.

Már akkor nagyon sajnáltam azt, amit Psalms-ról mondott.
Hiszen miért baj az, ha valaki fix munkahelyet szeretne? Ha hű
valamihez? Ha nem akarja feladni a jól megszokottat valami
bizonytalanért? Azóta Psalms elhunyt. Hatalmas álszentség

volt az iránta mutatott sajnálata. Semmi bűntudat. Eszébe sem jutott, hogy mindig is hogyan beszélt róla. Pedig ő csak megélni akart a munkájából, és szeretetet kapni. Az első nehezen ment neki. A másodikat nem kapta meg. Igen, vannak olyan emberek, akik ebből nem állnak fel, hanem egyszerűen belehalnak. Főleg az utóbbiba.

Maximális támogatást és helytállást ígért a férjem, amikor munkába álltam. Persze, el is hittem, így aztán belevetettem magam a szakma gyönyöreibe. Nem éppen a kecsegtető fizetésért lesz tanár az ember, hanem az elhivatottság teszi azzá. Úgy vélem, ez bennem megvan. Biztos vagyok benne, hogy nem vagyok a földkerekség legjobbja e téren, de azt tudom: mindent megtettem és meg is teszek azért, hogy igaz, őszinte, tanulni szerető gyerekeket neveljek, és a lehető legtöbbet hozzam ki belőlük önmagukhoz képest. Igaz, azért vannak vicces történetek is, hiszen van olyan vadaspark, ahová többé nem megyünk kirándulni, mivel az „állatok nyugalma érdekében" már egyszer megkértek ott, hogy talán haza is mehetnénk. Viszont ez azért csak egyszeri alkalom volt, és remélem, többet nem is fordul ilyen elő.

A mai napig nehéz úgy elvégezni a munkámat pontosan, hogy ne csússzon el a család. Ennek köszönhetően szinte mindig hajnali 3-kor kelek, hogy fel tudjak készülni az óráimra, meglegyen minden adminisztráció – ha lehet, határidőre –, és a hétvégékből is rámegy majdnem egy napom, hogy rendezzem a soraimat.

Persze az sem okozott gondot Mr. Vállalkozónak, hogy egy második diplomát szerezhessek. Legalábbis ezt mondta. Aztán, természetesen, ez korántsem így alakult, hiszen nem egyszer vágta a fejemhez, hogy micsoda önző vagyok. Amíg én a főiskolán „lazsáltam", addig ő mindent megtett idehaza. Azt leszámítva, hogy az egyhetes, vagy éppen 3–4 napos távollétem csataterét kellett felszámolnom, amikor hazaérkeztem, és nem győztem pótolni a sok kihagyott tanulnivalót a gyerekekkel.

Ebbe az is beletartozott, amikor a gyerekek betegek lettek, és nekem muszáj volt elutaznom az óráimra. Megkaptam a szent esküt, hogy itthon marad velük és gondjukat viseli. Ennek az lett a következménye, hogy elment dolgozni, én pedig – mint egy rossz diák – a pad alól váltottam az üzeneteket a gyermekeimmel: hogy vannak, milyen gyógyszert és mikor kell bevenniük, mit tegyenek, ha éppen nincsenek túl jól. No, igen. A táppénz. Mindig is sarkalatos kérdés volt. Hiszen én bármikor megtehetem azt, hogy itthon maradok a csemetékkel, mivel engem gond nélkül tudnak helyettesíteni. (Ezt azért nem állítanám, és szerintem sok pedagógustársam csatlakozik ehhez, de mindegy is már.) Neki munkája van. Csak nem gondolom, hogy kihagy egy napot is, mert beteg mondjuk a fia?! De kérem! Micsoda elvetemült ötlet ez! Hiszen saját cége van! És nem igaz, hogy ő osztja be a saját idejét, mert a vevők! Szép. Vita berekesztve. Nem a család az első. Viszont akkor ezt még nem tudtam elhinni.

4.

Hogyan tört el a vállam?

Egyre több pénzt keresett már Mr. Vállalkozó. Nem okozott semmiféle gondot egy-egy tóparti nyaralás. Sem az, hogy ott minden délben dőlt a lángos, esténként pedig a part-menti éttermek valamelyikében a fényes vacsora vagy a koktél. Hangoztatta is, hogy megengedhetjük magunknak. Meg azt is, hogy már megint a puccos igényeimet kell kielégíteni azzal, hogy ennyit költ. Ebből aztán már voltak kisebb viták, de valahogy mégis nekem volt bűntudatom: hiszen megengedte, ő mondta. Aztán megtettük, és az én hibám lett. De miért? Nem igazán értettem.

Felajánlotta, hogy ne költsem el a fizetésemet, mert remekül megélünk az ő jövedelméből. Így is tettem. Sőt, azt is mondta, hogy mondjak fel az iskolában, mert ő biztosítani tudja az életünket. Nyugodt életem lesz, igazi családanya és háziasszony lehetek. Kivasalt feleség várja majd itthon kedveskedve az ő kertje virágát minden este, friss vacsorával, és mosolyogva tanul majd a gyerekekkel. Szuper ötlet volt. Viszont isteni szerencse, hogy csak szóban mondtam fel, és írásban már nem.

Két éve szereztem meg a második diplomámat. A védésem előtt igen keservesen összevesztünk. Amikor a gyerekek aludtak, sokat hallgattam tőle, hogy az én pénzemből nem költök másra, csak a telefonszámlámra. Voltaképpen a közös otthonunkban minden az övé, az utolsó szögig. Hogy jövök én ahhoz, hogy nem költöm a pénzemet?! Hiszen ő mondta. Ez nem volt elég magyarázat. Miután felöltözött és elindult, hogy ő bizony elrohan otthonról, utánafutottam dühömben. Egy nagy pofonnal akartam gazdagítani arcvonásait. Ehelyett a magam 120 kilójával szó szerint hasra estem a küszöbben. Mellel és tenyérrel tompítva. Persze felpattantam, és mentem utána. Lendült is a kezem, de mindkét csuklómat veszettül szorítani kezdte, a jobb karomat pedig egyszerűen fújtatva, hörögve, mint egy veszett bika, nemes egyszerűséggel kitekerte. Éreztem, hogy egyre jobban, szinte pokoli módon fáj a vállam. Kiabáltam vele, hogy engedjen el. Túl sokáig nem tette meg. Nem tudom, hányszor szóltam rá emiatt, mire végre szabadultam. Onnantól fogva derékmagasságig nem bírtam felemelni a karomat. Őrület fájdalom volt már az is, hogy hozzám volt nőve. Legszívesebben magam vágtam volna le, hogy elmúljon ez az érzés.

Akkor éjjel egy szemhunyást sem aludtam, annyira kínlódtam. Kezdtem rádöbbeni: eltört a vállam.

Reggel betelefonáltam a munkahelyemre, hogy nem megyek be dolgozni, mert elcsúsztam a fürdőszobaszőnyegen, és eltört a vállam. (Ha látná valaki, milyen kicsi a hely és az esély a fürdőben arra nézve, hogy az ember ne a vécébe vagy a szekrénynek essen neki, ha éppen kiszáll a fürdőkádból és elcsúszik, szerintem az első kérdése az lenne, ami a barátnőmnek is volt: „Ezt hogy a francba csináltad egy ekkora helyen?")

Mi mást mondhattam volna? Azt, hogy „bocsi, de összevesztem a férjemmel; nem sikerült felpofoznom, de sikeresen eltörte a vállam"? Ugyanezt az orvosoknak sem mondhattam a rendelőben. Abból baja lehetett volna Mr. Vállalkozónak. Ha más nem, egy eljárás. Vagy tudja a fene... Nem akartam, hogy gondja legyen ebből. Hiszen reggel segített felöltözni, elvitt az orvoshoz, hazahozott, és lesütött fejjel ült mellettem, mint akinek bűntudata van. Holott pusztán csak attól félt, hogy azt fogják hinni, hogy ő törte el a vállam. Pedig akkor törtem el, amikor elestem. Mondom, hasra. Mondom, aztán felpattantam, és lendült felé a karom, hogy felpofozzam. Kérem szépen, nyújtsa fel a kezét az, akinek már volt eltörve válla! Vajon fel bírja-e emelni egyáltalán csípőmagasságig az ember a karját, ha éppen akkor tört el a válla? Nem, ugye? Bizony nem.

Egy hétig maradtam itthon táppénzen. Nem is azért, mert nem tudtam volna így dolgozni, hanem a rettenetes szégyenérzet miatt, ami bennem volt. Én szégyelltem magam. Nem mellesleg lila volt mindkét csuklóm. Jó pár napig ott virítottak Mr. Vállalkozó ujjnyomai, a mellkasomon pedig néhány lila foltot takargattam, ahogyan bökdösött. Sebaj, legalább tanulok az államvizsgámra. De hogyan fogok levezetni a vidéki főiskolára? Annyira rendes volt Mr. Vállalkozó, hogy ideadta az automataváltós autóját, hogy ne kelljen annyit használnom a jobb karomat. Szuper. Már azt hittem, hogy elvisz. Fantasztikus volt. Hazafelé már nem bírtam tekerni az amúgy egy régi rendszert idéző kocsiba illő kormányt. Igaz, szinte sírva szálltam ki otthon a volán mögül a fájdalomtól, de legalább túl voltam a vizsgámon. Sikerült is, és végre azon az egyetemen vehettem át a diplomámat, ahol ifjonc koromban csak álmodhattam róla.

5.

Jelek

A válltörést követően egyszerűen és simán ment minden a maga útján. Nem is beszéltünk róla, szóba sem került. Én szégyelltem, ő pedig elkönyvelte, hogy hasra esésektől törik a váll. Így addig meg sem említettem, amíg nem jött a következő vita. Nem tudom innentől fogva, mi milyen sorrendben jött. Az ember agya egy idő után kihagy, ha sok ilyen pofonba szalad bele. Mármint szó szerint. A lényeg mindig ugyanaz volt: a közös házunkban az utolsó szögig minden az övé; csak elverem pénzét; egy nyomorék vagyok és egy idióta; pont olyan vagyok, mint a hülye anyám, aki miatt olyan nem normális az apám; szar anya vagyok a szar szabályaimmal, mert a gyerek azért gyerek, hogy azt csináljon, amit csak akar... Sorolhatnám napestig. Igazából nem akartam hinni a fülemnek. Most tényleg én vagyok ennyire hülye?! Persze, remekül vitába szálltam vele, aminek mindig verés lett a vége: pofonok, hajtépés, nyakrángatás, fojtogatás a gyerekek előtt, megannyi vita, mert szerintem „A család a legfontosabb!", de Mr. Vállalkozó hangzatos kijelentése szerint „Nem a család a legfontosabb, hanem a pénz!". Igen. Na, itt a kulcsmondat.

Sokszor üldögéltem a kisszobában. És igen, feladtam. Kezdtem elhinni, hogy igazat mondott: az, hogy ő valaha is hozzám ért volna, az meg sem történt. Csak álmodtam. Túl élénk a fantáziám. De nem! De igen! De nem! Na, ezért esett ki annyi minden. Valahogy úgy gondoltam, valóban nem vagyok jó anya. Valóban nem vagyok semmire sem való, csak válásra. Valóban, minek az ilyennek, mint én, az élet? Sokat imádkoztam akkoriban is. (Most is.) Mint az egyetlen kapaszkodó. Az egyetlen, akinek elmondhattam, mi történt velem, és hitt nekem. Kértem, segítsen, hogy haljak végre meg. De sosem jött semmi válasz.

Vagyis, mégis. Mert furcsa jelek érkeztek. Például a zárt ablakú házban egyszerűen huzat volt a férjem mellett az ágyon fekve. Lobogott a hajam tőle. Vagy éppen a fejemre esett egymás után kétszer is a távirányító a polcról tévénézés közben, amit mindig gondosan a könyvekhez tolva teszek fel. Vagy az üres szoba zárt ajtaján kopogtattak, miközben a még szundikáló családomnak készítettem a vasárnapi reggelit. Intő figyelmeztetések voltak ezek, mivel ezek után kivétel nélkül mindig történt valamilyen veszekedés, ahol bizony én húztam a rövidebbet.

Feltehetitek a kérdést, miért nem próbáltam vele megbeszélni a problémákat? Dehogynem próbáltam! Higgadtan. Szépen. Szerelmesen. Ez volt mindig a vesztem. Egyik alkalommal például annyira szidott, hogy már elsírtam magam. Ezt Oscardíjra való törekvésnek tudta be, így kis híján beleverte a fejem a konyhapultba. Naná, hogy kiborultam, sírtam, minden bajom volt, amikor kikeltem magamból. Felbiztatta a lányomat, hogy ezt rögzítse hangfelvételen a telefonján, és ossza meg az interneten. Na, ott lett végem. Egészen idén tavaszig nem tudtam, hogy ez így történt tavaly augusztusban, és akkor a lányomat szidtam le miatta. Nem győztem bocsánatot kérni tőle, amikor meghallottam, mi az igazság. De hát mit tehetett volna? Látta, hallotta, hogy beszélt velem Mr. Vállalkozó. Félt az apjától, ezért nem merte bevallani nekem, mi is történt valójában. Mert hát mi volt akkor is a célja Mr. Vállalkozónak? Az, ami most is: „Legalább megtudja végre a világ, milyen szar anyátok van!"

Na, ezek után már figyeltem a jeleket. Igyekeztem óvatosnak lenni, amikor ilyeneket láttam vagy hallottam, de valahogy sosem sikerült elkerülnöm a sorsomat. Pedig szólt az Úr előre, hogy meg fog történni. Viszont ezeknek meg kellett történniük.

Ezek a jelek azóta szűntek meg, amióta a férjemet elküldtem. Viszont amikor mi nem vagyunk otthon, és Mr. Vállalkozó bejön a házba, elképesztő „dolgokat" hagy maga után. Sötét, szinte fekete árnyak kúsznak, úsznak az ebédlőben, a gyerekek szobájában. Na, jó, tudom, hogy ez rettenet hülyén hangzik, és eleinte én is azt hittem, hogy totálisan begolyóztam.

Van egy barátnőm. Amolyan pótanyukám. Egyszer elvitt engem egy Jedi mesterhez (ami szintén csak egy vicces elnevezés). Rickety azt mondta, higgyem el, hogy megértem ezt, ha elmegyek vele hozzá, és rájövök, mi is ez. Nem utolsósorban én is jobban leszek, és elkerül az addig teljesen a hatalmába kerítő komplett idegbaj. Így is lett. Elmentem, és megértettem, mi ez. Bevallom, nem hittem benne, amikor először meglátogattam a Jedi mestert. Semmi ilyesmiben egy szóval sem láttam fantáziát. Hallottam már ezekről a dolgokról, a kövek gyógyító erejéről, a csakrákról, miegymásról, de valahogy nem ragadott magával a gondolat, hogy ez igaz lehet. Egészen addig, amíg a saját bőrömön – illetve torkomon, fejemen – nem tapasztaltam meg, hogy ez akár működhet is. Sőt, mi több, használ. Így aztán megannyi olyan követ szereztem be az otthonomba, ami távol tartja mindazt, amik miatt mindig minden megmagyarázhatatlanul mozog. Most már azt is tudom, mikor járt a házban a férjem, amikor éppen elutaztunk a gyerekekkel, és mikor nem. Ugyanis ha bent volt, a köveim egyszerűen sütöttek a melegtől, és amellett, hogy vibrált a levegő, és mindenki feszült és ingerlékeny volt, ismételten felbukkantak az árnyak. Tehát ilyenkor nem árt egy kiadós nagytakarítás, amit ezúton is köszönök Rickety férjének.

Rickety egyébként valóban már-már a második anyukám. Az igazi messze van. Sokat beszélek vele telefonon, de hát még sincs itt, mellettem. Úgyhogy ő lett Anya, aki azt is megérti, ha éppen begubózva ülök, és azt is meghallgatja, ha épp képes vagyok beszélni a dolgaimról. Rajta kívül még van egy Anya, aki szintén nagyon fontos nekem. Amolyan lelki társ, és akár az éjszaka közepén is betoppanhattam hozzá, hogy jól kisírjam magam, ha éppen egy kiadós pofon után voltam Mr. Vállalkozóval. Ő Isla, akit az ág és a sors is húz, de csodálatra méltóan mégis örök optimista. Az életét és a múltját tekintve pedig lassan egyre több a közös vonásunk.

6.

A többi

Nagyon nehéz lenne felsorolni, hány ütés, hajtépés, pofon és egyéb ehhez hasonló eset történt. Ugyanis közben valahogy mindig jó fiú lett. Családját kiszolgáló, ragaszkodó, hőn szerelmes férj. El is hittem minden egyes alkalommal, hogy hű, rendben van minden, és érdemes dolgoznom Mr. Vállalkozóért, hogy együtt maradjon a családunk.

Nyaraltunk nagyokat: Fekete-tenger (ami a gyerekeim nagy csodálkozására kiderült, hogy igaziból kék színű), Adria Riviérája, sokcsillagos szállodák koktélokkal, akár kettesben is, nem csak a csatolt részekkel. Még egy új autót is kaptam, ami takarékos, nem állt le minden sarkon csak a jó Isten tudja, milyen hiba miatt, és végre, látszottak a gyerekek is az ülésen egy-egy bevásárlás után, mert nem takarta őket a vécépapír.

Aztán jött az irigység: neki is kell egy ilyen autó. De hiszen már van egy, neki pedig még kettő. Ugyan hogy akar egy fenékkel egyszerre négy autóba ülni? Mi sem volt természetesebb emiatt, mint egy vita kirobbanása, miszerint én nem engedem meg, hogy azt vegyen magának, amit csak akar. Zsebre vágott kétmillió forintot, és simán el akart indulni egy új autóért. Egy hónappal azután, hogy majd' ugyanennyiért vett egyet. Akkor sem esett le, hogy erre valóban van ennyi fölösleg, ez nem pusztán az összes spórolt pénzünk. Végül nem vette meg a kocsit. Viszont akárhányszor lelépett utána éjszakánként, szinte mindig a nekem vettet vitte magával. Egy ízben a sajátja kocsikulcsával együtt. Ami csak azért volt problémás, mert nagyjából félórán belül kellett volna eljutnom három különböző helyre. No, igen, mindez tömegközlekedéssel sem lehetetlen, ha elindulunk hajnalok hajnalán, és a gyerekek hol az iskolában héderelnek, hol pedig egy sípálya szélén. Így jelentettem erre a napra mindhármunknak beteget.

Tavaly októberben azonban komoly fordulóponthoz érkeztünk. Ismételten a pénz témakörében sikerült veszekednünk. A szokásos módon. Viszont olyan kulcsmondatok hangoztak el, ami már akkor pont volt az i-n. Igen, jómagam azt mondtam, hogy a család a legfontosabb, nem a pénz. Mire Mr. Vállalkozó igenis kijelentette: „Nem a család a legfontosabb, hanem a pénz!" Nem is állítanám ilyen bátran ennek az igazát, ha nem lenne erre éppenséggel egy tanúm: a kisfiam. Mint ahogyan arra is tanú volt, hogy felpofozott, az ágyra tepert, ahogyan védekezni próbáltam, majd a falhoz vágott és fojtogatni kezdett. Az egyetlen szerencsém ekkor az volt, hogy a lányom megjelent, és megkérdezte, mégis mit csinálunk. Ettől függetlenül még most is érzem, hogy nem szorította a torkomat, hanem a tenyerével egyszerűen nyomta a gégémet, hogy fulladjak már meg végre.

Ennek másnapján elküldtem. De hová is mehetne? Nem érdekelt. Ahová akar. Felajánlott napi 20 ezer forintot (!!!). Bepakoltam a bőröndjét és elment. Egyetlen hibát követtem el akkor: négy nap után felvettem a telefont, amikor felhívott. Nem akartam, és nem is kellett volna. Sűrű bocsánatkérések áradtak, és a megváltozom szöveg is előkerült. Bedőltem neki. Én hülye!

Persze volt olyan is, hogy a kisfiam az első tanítási napján volt az első helyezett az iskolai ügyeletben, miután a kedves édesapjának előző éjjel akadt leléphetnékje egy telepakolt bőrönddel. No, aznap még fölhívtam telefonon, hogy mégis, mit akar. Válni. Mit nem értek azon, hogy nem szeret?! „És a gyerekek?" – kérdeztem én. „A gyerekek?! Már megint a gyerekekkel zsarolsz?!" Nem. Semmivel. Ma már tényleg. Zsarolás egy apának, hogy mi lesz a gyerekeivel, akikért mindent megtenne? Akikért levágná mindkét karját? (Erre mondta azt a lányom, miután Mr. Vállalkozó elment, hogy „Hát, hol van az a két levágott kar?! És mit kezdenék két levágott karral? Csapkodjak velük?") Akkor még visszacsábítottam hozzánk, de ma már tudja a fene, hogy erre miért is volt szükség. A gyerekek miatt? Miattam? Miatta? Fogalmam sincs. Nincs megfelelő válasz.

Hogy mivel telt be a pohár? A végén már sok mindennel. Két hónapnyi adag volt, ami „semmi konkrétum". Igazából nem tudom az elején kezdeni, hiszen ennek csak kellős közepe, és majd egyszer valamikor vége van/lesz.

Ez év márciusa. Még azért is veszekedett velem, ha koszfolt volt a nyakán, és szóvá tettem. A szokásos „beszéljük meg" természetesen nem működött, így kiprovokáltam, hogy nekem jöjjön és elmenjen. Folyamatosan levélbombáztam, hogy egyezzünk meg valamiben: láthatás, lakhatás, válás, bármi. Vagy legalább lássa a gyerekeket. Egy-két hétre ezen esemény után haza is jött egy hétvégére. Ki sem pakolt (előre tudván, hogy úgyis elmegy), de a PlayStation-ön és a whisky-kólán kívül másra nem nagyon maradt idő: sem a magzatokra, sem rám. Így aztán újra elment. Panzió. Napi sokezer forintért mosodával együtt. Szóval, teltek-múltak a hetek, a levelek, az e-mailek. Lassan le lettem tiltva minden fórumon.

Amit muszáj volt meglépnem egy belső kényszer által, hogy a barátai, kollégái is tudják meg az igazat. Azt, hogy Stockholm-szindróma volt az elmúlt 2–3 év, hogy eltörte a vállam, hogy vert, hogy a lányom egy apakomplexusnak köszönhetően molesztálás áldozata lett. Valamint azt, hogy ennek a procedúrának alkalmával ő mintaapa volt.

Sunshine-nak van egy nagyon kedves barátnője. Már régóta tervezgettek egy ottalvós pizsipartit nálunk. Viszont ebbe nem egyeztem bele. Nem akartam, hogy kiderüljön, hogy külön alszom apukától, aki ráadásul törzsvendég egy panzióban. Nem tudtam még, mi lesz a sorsunk, hogyan alakul a közös életünk. El akartam kerülni, hogy a nagyvilág előtt teregessem ki a szennyesem.

A lányok gyakran jártak át egymáshoz játszani, beszélgetni. Furcsa kislány Chen, de valahogy Sunshine mellett mindig teljesen más volt. Temérdek füllentés, hazudozás és érdekes viselkedésforma vette körül, viszont volt benne valami, amihez a kislányom ragaszkodott, így figyelemmel kísérve, de hagytam, hogy barátkozzanak.

Chen anyukája kicsi korában meghalt egy autóbalesetben. (Legalábbis így tudtuk.) Apuka egyedül nevelte őt. Szimpatikus fickó volt. Földim, így mindig volt közös témánk. Jól el tudtam vele beszélgetni, és Chen állításaival ellentétben nagyon is úgy tűnt, hogy szereti a lányát; ölelgette, puszilgatta, rendre intette, ha valami olyat csinált vagy mondott.

A gyerekeim születésnapi bulijára hivatalos volt Chen is. Az apukája azt találta ki, hogy mindenféle értelmetlen ajándékvásárlás helyett inkább élményt adnak Chen-nel Sunshine-nak. (Na, az is lett, egy életre!) Elviszik moziba, sétálnak és fagyiznak egyet a belváros csodás hídjain, majd Sunshine náluk alszik, így a pizsiparti is megvalósul. Bele is egyeztem. Milyen jó ötlet! Apukát ismertem: mindig vendégül látta enni- és innivalóval a lányomat is, ha náluk volt, ugyanúgy, mint én az ő lányát. Szeretett náluk lenni a lányom, sosem volt semmilyen probléma (legalábbis a lányom nem mondott erről soha semmit), így természetes volt, hogy elengedem hozzájuk.

Húsvét nagypéntekén el is vittem a lánykámat. Telefonja nála volt. Megbeszéltük, hogy másnap délelőtt majd érte megyek. Addig legalább kitakarítom a ház egy részét az országos méretű koszból.

Így is lett. Aznap apuka még fényképet is küldött nekem, milyen szépen vacsorázták a lányok a spagettit, amit ő készített.

Másnap hajnali 3-tól szorgalmasan kifordítottam a konyhát a sarkából, amíg a kisfiam aludt. Délelőtt kilenc óra magasságában írtam apukának, hogy felkeltek-e már a gyerekek, és mikor mehetek a csajszimért. Kisvártatva jött a válasz, hogy ráérek a megbeszélt időpontban menni, mert éppen hogy csak fölkeltek, és még reggelizni szeretnének. Mi sem természetesebb. Így 11 óra körül mentem a lányomért.

Furcsa volt, hogy a „Minden rendben volt?" megbeszélés időtartama alatt Sunshine nem lébecolt a barátnőjével, hanem minden zokszó nélkül bepakolta a kis motyóját az autóba, és már ült is be. Ezáltal én sem cseverésztem sokáig, hanem indultunk is hazafelé. Éppen hogy sebességbe tettem az autót, a lányom máris számon kért, hogy miért nem mentem érte, pedig ő írt nekem hajnalok hajnalán, hogy azonnal vigyem haza. Nem kaptam üzenetet. Bár fel volt töltve a telefonja, de internete nem volt. Viszont ott írt nekem, így az üzenete csak otthon ért utol.

El akart ő indulni gyalog is. Tudja, hol lakunk, melyik buszra kell felszállnia, de Chen apja éjjel a cipőjével dobálta a macskákat az udvaron, mezítláb pedig nem akart. Meg amúgy sem mert.

Egész úton hazafelé, és még otthon is ontotta magából a történteket a lányom: apuka estére érve berúgott; miután ők lefeküdtek, vagy hússzor ellenőrizte, alszanak-e már. Miután valóban elaludtak, bekúszott a lányom mellé, és órákon keresztül simogatta. Mindenhol. Szerencsére, odáig nem jutott el. A lányom (aki akkor még nem volt felvilágosítás áldozata) akkor borult ki és bújt sírva a barátnője mellé, amikor az apuka meg akarta csókolni. Ez verte ki nála a biztosítékot.

Chen nagyjából ezt végignézte. Ja, és el ne felejtsem mondani, hogy már végig is élte ugyanezeket a saját apjától.

Nem kis sokkot kaptam ettől. Persze Mr. Vállalkozó a panzióban nyugodott békében. Most mit csináljak? A lányom fényes délben vastag habos fürdővízben mosta le magáról apuka szagát és mocskát, én pedig az első dühös reakciómmal élve írtam apukának egy kedves kis üzenetet, amiben számon kértem, valamint kilátásba helyeztem, hogy a száján át kihúzott beleivel fogom megfojtani. Első körben rögtön bocsánatkéréssel válaszolt. Megírta, hogy Sunshine-tól is bocsánatot kért. Na? Akkor most ezzel minden el van sikálva?

Nem tudtam, mi a fenét csináljak. Éreztem, hogy a legjobb megoldás a feljelentés lenne. Fel is hívtam a rendőrséget, csinálnak-e ilyesmit fényes Húsvétkor. Persze, mindig. Akár az éjszaka kellős közepén is. Így aztán felöltöztünk, a fiamat letettem az egyik barátjánál, a lányommal pedig berongyoltunk a rendőrségre, hogy elregéljük, mi is történt.

Közben persze apuka is írogatott: ne aggódjak, majd ő feladja magát. Illetve gondoljam át, mi lesz Chennel? Ő a mindene! Elképesztően ideges és dühös voltam. Emiatt töröltem minden üzenetét. Nem kellett volna, de most már ez sem számít.

Mr. Vállalkozónak hiába írtam, hogy beszélnünk kell, mert a rendőrségen voltunk, és nagyon komoly baj van. Természetesen szóra sem méltatott. Csak akkor, amikor a lányom közölte vele, mi történt. Akkor persze, ugrott a mintaapa, és rögtön mellettünk termett (a már említett pár napra).

Végigjártuk a kanosszát: videós vallomás felvétele Sunshine-től, vallomás felvétele tőlem, miközben a fiam a rendőrség folyosóján játszott egyedül az éjszaka közepén. Azt hittem, komplett gutaütésben pusztulok el.

A telefonomat lefoglalták, a törölt üzeneteknek köszönhetően. Semmi gond: két hét múlva visszakaptam.

Apuka azóta is börtönben van. Furcsa módon még a nyomozás sem zárult le, mert Sunshine esete mellett egyéb dolgok is vannak a rovásán. Így az sem biztos, hogy ebből még idén tárgyalásra kerül sor. Mindenesetre azt jeleztem a rendőrségen: amennyiben lehetséges, a tárgyalásán nem szeretnék részt venni. Én. A feljelentő. Az anyuka. (Mr. Vállalkozót tőlem oda idézik, ahová csak akarják.) Lássuk be: megannyi indokot lehet felsorolni arra nézve, miért nem akarok ott lenni.

Chen átmenetileg a nem is létező rokonaihoz került, majd véglegesen a számunkra szintén nem létező nagymama gyámsága alá helyezték, a szüleimhez közeli nagyvárosban. Azóta jobban van, bár az állat módjára való nevelésének nyomait egy életen át hurcolni fogja a lelkében. Azt sem tudni, rendbe jön-e valaha.

Mi sem természetesebb, hogy az édesanyja sem halt meg, csak a maga skizofréniájával és egy idősebb férfival egyetemben a fővárosban él. Láthatná Chen-t felügyelet mellett, de mivel erre már évek óta nem került sor, így Chen nem vágyik a társaságára. Remélem, képes lesz normális életet élni!

Igazságügyi törvényszéki pszichiáter is vizsgálta Sunshine-t, ahol kiderült, hogy Mr. Vállalkozó milyen. Természetes, hogy a férjem vastagon kinevette az agyturkászt, hogy á, ez nem az ő hibája, ő nem ilyen. Különélésünknek semmi „konkrét oka” nincsen: nem csalt meg (Á, dehogy!), ő nem tett semmi rosszat. Na, ezzel menj haza, és tedd magadban rendbe, hogy mekkora egy fura ember a te férjed! Nevezzük rögtön köcsögnek? Nem! A párterápia ötlete után már lehet annak hívni, mikor erre azt mondta, hogy persze, menjünk el, hagy lássa meg mindenki, milyen szar anya vagyok, és mindennek én vagyok az oka. Annyi hibám van, hogy mire felsoroljuk, talán körbeéri kétszer az Egyenlítőt! Viszont még ez sem indokolja a köcsög jelzőt. Na de az már igen, hogy képes voltam újra megkérdezni, mi lesz a gyerekekkel. (Úgy látszik, mániámmá vált ez a kérdés, de nálam a sarkalatos pont igenis a család fontossága.) Mi volt a válasz? Ő nem fogja szeretgetni, ölelgetni, puszilgatni a gyerekeket. Eddig sem tette. (Na! Azért 2–3 évvel ezelőttig ez nem így volt ám!) Neki csak az a fontos, hogy minden reggel ő vigye iskolába a gyerekeket, mert ha én viszem őket, csak teletömöm a fejüket mindenféle hülyeséggel. Váó! Mivel is? Hogy mi lesz a suliban? Hogy mire figyeljenek oda? Hogy mire vigyázzanak? Vagy éppen mi megy a rádióban aznap reggel?

Szóval ezen sokat kattogott az agyam aznap éjjel, amikor mindez kicsusszant Mr. Vállalkozó száján. Aztán hajnalban kimásztam az ágyamból és felfortyant az agyam. Azzal ébresztettem Mr. Vállalkozót (aki azóta sem szól egy rohadt szót sem hozzám), hogy aki ennyire nem akarja szeretni a saját véreit, az bizony takarodjon a jó kurva picsába. Reggelre kelve első dolga volt pakolni a szokásos bőröndjét (a legjobbat, amit a családnak vettem), és elköszönni a gyerekektől, hogy mennyire szereti őket. Naná, hogy nem hagytam szó nélkül! Mondd azt is, Mr. Vállalkozó, amit nekem mondtál: hogy nem akarod őket szeretgetni, ölelgetni, puszilgatni! Szó nélküli eltáv volt.

Első dolgom volt ezek után a kémkedés, ami magánnyomozásba fulladt, valamint a válás beadása.

7.

Nyomozás és válás

Mint már említettem, magánnyomozót fogadtam. Hamarabb, mint ügyvédet a váláshoz. Természetesen nagyon elszállt válási keresetet nyújtottam be: havi 500 ezer forint tartásdíjat a gyerekeknek, lakhatás biztosítását a saját házunkban. Aztán majd meglátjuk. Persze, vagyonmegosztási perben is gondolkodtam, hogy majd, hej, de jól fogunk mi járni! Kicsit elrugaszkodtam a földtől, nem hittem, hogy mennyire bonyolult és rafinált is az én férjem.

Aztán jöttek a nyomozással kapcsolatos hírek. Mr. Vállalkozónak nem egy cége van, ahová immáron több, mint öt éve szorgalmasan eljár dolgozni, hanem összesen hét! Ebből öt azt a célt szolgálta, hogy – akár a tulajdonossal együtt – „bedöntse", és jó sok pénzt húzzon ki belőle. Na, mármost. Akkor kik is hívták esténként kései órákban, amikor velem veszekedett a pénzről? Kikkel is beszélt télen kisgatyában az udvaron, akik olyan nagyon fontos vevők vagy beszállítók az ő jól menő vállalkozásában? Mióta is folyik mindez? 10–15 éve? Akkor vajon miért is rúgták ki anno a munkahelyéről? Kihez is mentem hozzá? Honnan volt mindig annyi pénzünk? Voltaképpen mennyi is volt? Hol is van a többi? Mit is tervezett Mr. Vállalkozó, amikor éveken át azt hallgattam tőle, hogy „ez az én életem", „mindig is hazudtam", „én ilyen vagyok"? Ezt? Akkor voltaképpen semmi nem volt igaz. Se a kapcsolatunk, se a közös otthonunk, se a két közös gyermek, se semmi. Szóval az egész életem egy nagy hazugság volt, a családommal együtt. Olyasvalamiben hittem, ami nem is létezett soha. Ráadásul a gyermekeim is.

Védte volna a családját azzal, hogy ezt nem mondta el? Eleinte lehet. Talán. Viszont így utólag visszatekintve: egyáltalán nem.

Mindig is valamiféle saját célja lehetett ezzel. Egyfajta önálló egzisztencia megteremtése. Saját vagyon, saját karrier, hírnév, uralkodás. Ebben viszont nem voltam partner. Voltaképpen nem is tudtam, miben nem vagyok partner. Tehát nem a férjem volt skizofrén, hanem én? Nevessünk nagyot. Elképzelhető, hogy ez tényleg így volt.

Hetekig csak üldögéltem, miután ezeket az információkat megtudtam. Az életünk olyan lett, mint egy őrült kirakós. Igyekeztem helyre tenni magamban a mozaikdarabkákat. Mikor mi történt, és mi is volt az igazi oka az okozatnak. Természetes, hogy anno semmit nem értettem, miért is bánt velem úgy, ahogyan az én férjem. Hiszen nem tudtam, milyen életet él valójában. Érthető, hogy azt tettem, amit ő akart: magamat hibáztattam mindenért. Elhittem neki, hogy tényleg egy komplett hülye vagyok, rettenetes anya, csapnivaló feleség. Holott minden agressziójának a gyökere az a felgyülemlett stressz volt, amibe sosem avatott be: az ő saját élete. Az, hogy egy időben megannyi cég irányítása futott a kezei alatt a még több pénz érdekében, ráadásul még a munkamániáját is kiélte a saját vállalkozásában. Mr. Vállalkozó voltaképpen egy túlfejlett Shoe. Úgy léptem kétszer ugyanabba a szarba, hogy észre sem vettem.

Szőkeségem túlmutatott hajszínemen, és őrült módon zsarolni kezdtem a férjem: egy lakásért és horribilis tartásdíjért cserébe nem jelentem a hivataloknál, mit is művel. Mondanom sem kell, attól függetlenül, hogy mindez félelmet keltett benne és a kollégáiban, csak nevetség tárgya lett Mr. Vállalkozó szemében. Holdra szállásnak nevezte az ötletet, ami – lássuk be – igaz is.

A válási kereset beadása után közös megegyezést ajánlott fel a férjem és az ügyvédje. „Nagylelkű" ajánlatuk az volt, hogy a gyerekek nagykorúságáig lakhatok a saját házunkban, és amennyi tartásdíjat akar fizetni, annál egy forinttal sem fizet többet. Akkor itt álljunk meg egy pillanatra! Tehát ha jól értelmeztem, akkor ha mindkét gyermekem betölti a 18. életévét, hagyjam ott őket, ahol vannak? Vagy akkor kezdjek el majd gondolkodni azon, hogy hová is menjünk? Egyik sem. Olyan nincs, hogy elhagyjam a gyerekeimet. Olyan sincs, hogy majd a férjem fogja nevelni őket, mivel a gyermekeim is annyit csalódtak benne, hogy nem szeretnének vele élni. Más választás nem maradt: vidéken élő szüleimhez kell költöznünk. Ott olyan biztos otthont kapunk, ahonnan nemhogy a gyermekeimet nem teszi ki az utcára senki, de engem sem. Magyarán: jelen állás szerint bizony mindent elbuktam.

Természetes, hogy ezt az igazán „nagyvonalú" ajánlatot az ügyvédemmel visszautasítottuk. Következik majd a férjem ellenkeresete. Azaz minden kiadásomról gyűjtenem kell a számlákat, mennyibe is kerül két általános iskolás gyermek eltartása; meg kell indokolnom a válást; bizonyítanom kell, mi is az enyém a közös házunkban, amihez tanúként a szüleimet kell majd beidéztetnem... Vagyis a két tárgyalásra tervezett egyszerű válásból cirkuszt kellene csinálnom. Erre már azt mondom: nem. Ezt az ügyvédemnek is jeleztem. Nem, nem fogom megindokolni a válást, mert az igazi oka az, hogy Mr. Vállalkozó vert, megalázott, megszégyenített, és erre a gyerekeim a tanúk. Őket pedig semmilyen körülmények között sem szeretném bíróság elé citálni. Azt sem szeretném bizonygatni keresetekkel – ellenkeresetekkel (súlyos százezreket fizetve érte), hogy mi az enyém a közös házunkban. Amennyiben mód van rá, a szüleimet sem szeretném kitenni annak a totális idegbajnak, hogy a férjem előtt kelljen elmondaniuk, mennyi pénzük és munkájuk van az otthonunkban. Szóval egyetlen megoldás maradt így: elállni a saját keresetemtől, elfogadni azt a tartásdíjat, amivel Mr. Vállalkozó megváltja a szabadságát, és hazaköltözni a szüleimhez. Tehát jelenleg bedobozolva áll majdnem minden holmink, indulásra készen.

Sok múlhat még a nyomozáson. Vajon be lehet-e bizonyítani Mr. Vállalkozó tényleges jövedelmét? Elég ügyes volt, vagy elkövetett olyan aprócska hibákat, amivel a mi malmunkra hajtja majd a vizet? Meglátjuk. Ez is a jövő zenéje marad.

Hogyan váljunk tehát Mr. Vállalkozótól? Villámgyorsan! Hátra sem nézve. Aztán futás minél messzebbre tőle. Amennyiben pedig mód van rá, a válás kimondását követően derüljön fény a múltjára, és legyen számára is igazság minden hazugsága.

Viszont ez még mindig csak egy elképzelés. Egy igen reális, de annál is inkább megvalósulni látszó fikció.

Elmondhatom, hogy a legjobb fogyókúra a válás. Ismételten megszabadultam körülbelül 50 kilótól. Nagyon nem is tudok visszahízni, de jobb is így, mert az ízületeim sem bírták már a jelentős túlsúlyt. Újra megtanultam 5 óránál többet aludni, és az idei volt az első olyan nyaram 14 év óta, hogy nem Mr. Vállalkozó házának és kertjének sikálásával és rendben tartásával töltöttem az időmet, hanem a gyerekeimmel. Illetve végre, hosszú idő után először, magamra is jut időm. Ez nem feltétlenül mindig jó, viszont szükséges ebben a helyzetben. Hiszen olyan érzelmi hullámvasútban ültem (vagy még talán ülök is), amit nem árt rendbe tenni fejben. Mit is érzek? Szeretem? Nem. De igen. De mégsem. De kit? Létezett-e valaha is az az ember, akit megismertem, akivel közös otthont teremtettem, akinek szültem két gyermeket és akihez hozzámentem? Nem. Nem hiszek ebben. Sőt, semmiben sem hiszek, ami az elmúlt 15 év volt Mr. Vállalkozó oldalán. Ha jobban megnézem, nem is volt számomra fenntartott oldala. Csak én gondoltam azt, hogy van. Ámítás, hazugság volt minden, ami nélkülünk mit sem változott az életében. Mivel ugyanúgy hazudik tovább minden barátjának, kollégájának és maradék családtagjának. Bátran állítja, hogy „nincs visszaút" kettőnk számára, mert „mindenféle konkrétum nélkül" csak üvöltöztem vele, amire ő nem szolgált rá sosem.

A gyerekekkel kapcsolatban azt ecseteli, mennyire pusztulat nehéz számára a hiányuk, és én vagyok a főgonosz, aki ellene hangolja őket, ráadásul azt sem hagyom, hogy láthassa őket.

Igazán szépen szövi a hazugságok hálóját. Mi tagadás, ennek tudatában nagyon nehéz élni. Viszont igyekszem irányítani a gondolataimat: nem számít, kinek, mit mond, és mit gondolnak körülötte az emberek. Mert mint minden hazugságra, egyszer majd erre is fény derül. Minden csak idő kérdése. Éppen ezért ebbe nem is szólok bele. Legyen számára ilyen az élet, ha ezt akarja, és ezzel könnyebb neki elaludni. Mi hárman keményen megtapasztaltuk, hogy milyen az ő élete, és milyen ő valójában. Ez elég indok arra, hogy külön éljünk tőle. Teljes hazudozás vesz körül bennünket. Nem vágyom rá, hogy emiatt majd megállítsanak a szomszédok, vagy a közértben az emberek, így duplán minden okom megvan arra, hogy minél hamarabb és minél messzebbre költözzünk innen. Új életet kell kezdenünk, ami kellő távolságra van Mr. Vállalkozótól, és a hazugságokból szőtt hálójától.

Úgy vélem, Jézus Urunk segített nekünk, hogy imáink által elérjük végre a békét és a nyugalmat. Kéretik ezen nem nevetni, mert így van! Nap mint nap azt kértem az imáimban, hogy legyen végre békesség, nyugalom, bizalom és szeretet a családomban. Ez most meg is van. Bár egy patthelyzet kellős közepében ülünk, de a rosszból kifelé vezető útra már ráléptünk, és bizonyos: ennél már csak jobb lehet a sorsunk.

Őszintén szólva fogalmam sincs, mi lesz velünk. Egy viszont bizonyos: bármerre is sodor minket az élet, csak jobb lehet majd, mint volt: végre nyugalomban fogunk élni. Lassan kimegy majd a gyomrunkból a görcs, amiről eddig azt hittük, ez a normális. Megtanuljuk, hogy jó megölelni és megpuszilni a másikat. Nem gond, ha az ember a saját otthonában a családtagjaival őszinte, hiszen ez kell, hogy legyen a természetes. Nem kell félnünk attól, hogy a másik veszekedve, verekedve reagál majd, sem attól, hogy ezért megaláz, megszégyenít minket. Ami pedig a legfontosabb: nincs több hazugság.

A szerző

Victoria Miner 1979. 03. 11-én született. Főiskolát végzett, pedagógusként dolgozik. Két gyermeke van, akik szerint különleges képessége a szeretet. Hobbijai az írás és a zenehallgatás. Gyermekkora óta ír verseket, prózai írásokat szabad stílusban. 1993–1997 között az Új Bekezdés Irodalmi Alkotócsoport és Művészeti Egyesület tagjaként több ízben publikált a Négyzet Antológiában, a Páratlan Időjelek Antológiában, és a Déli Hírlap akkori irodalmi mellékletében. Régen tervezte már, hogy saját könyvet ír, ám nem gondolta volna, hogy ehhez a témát éppen saját élete fogja szolgáltatni. Tervezi a Holdra szállás című, jelen kötet folytatását, illetve olyan történetek megosztását olvasóival, melyek mély nyomot hagytak benne élete során.

A kiadó

*Aki feladja,
hogy jobbá váljon,
feladta,
hogy jobb legyen!*

E mottó alapján a novum publishing kiadó célja
az új kéziratok felkutatása, megjelentetése,
és szerzőik hosszútávú segítése. Az 1997-ben
alapított, többszörösen kitüntetett kiadó az egyik
legjelentősebb, újdonsült szerzőkre specializálódott
kiadónak számít többek között Ausztriában,
Németországban és Svájcban.

**Valamennyi új kézirat rövid időn belül egy
ingyenes, kötelezettségek nélküli kiadói
véleményezésen esik át.**

További információkat a kiadóról és
a könyvekről az alábbi oldalon talál:

www.novumpublishing.hu